Karin Schupp

SCHAU LINKS, SCHAU RECHTS

Geschichten aus dem Straßenverkehr

mit Illustrationen von
Iris Buchholz,
Stefan Horst und
Elke Junker

Der Verlag bedankt sich bei Herrn Peter Löffler, dem Präsidenten der Landesverkehrswacht von Baden-Württemberg und Vizepräsidenten der Deutschen Verkehrswacht, für die freundliche Beratung.

Inhalt

Vorfahrt gewähren 3
Lena regelt den Verkehr 5
In der Fußgängerzone 7
An der Bushaltestelle 9
Auf dem Spielplatz 11
An der Bahnschranke 13
An der Baustelle 15
Ich sehe was, was du nicht siehst 18
In der Spielstraße 19
Bei Rot stehen, bei Grün gehen 21
Einfahrt verboten 23
Gegenverkehr 25
Auf dem Fahrradweg 27
Parken verboten 29
Philipp fährt freihändig 31

1. Auflage 2000
© 2000 Verlag Ernst Kaufmann, Lahr
Alle Rechte vorbehalten · Printed in Germany
Hergestellt im Druckhaus Kaufmann, Lahr
ISBN 3-7806-2530-X

Vorfahrt gewähren

Papa holt Simon und Diana mit dem Auto von der Schule ab. Sie wollen heute Oma und Opa besuchen. Simon und Diana freuen sich.

„Schnell, schnell, steigt ein! Wir haben keine Zeit", ruft Papa. „Auf der Autobahn soll ein langer Stau sein."

Simon und Diana rutschen auf die Rückbank. Noch bevor sie sich fertig angeschnallt haben, fährt Papa schon los.

„Papa, ich habe eine Zwei im Diktat geschrieben!", verkündet Simon stolz.

Papa brummelt etwas. Er hat gar nicht richtig hingehört.

„Was ist das nur für eine langsame Karre da vorne!", schimpft er über das grüne Auto, das vor ihm fährt. Ungeduldig hupt er.

„Papa, weißt du, wie viele Purzelbäume ich heute im Sport hintereinander geschafft habe?", fragt Diana.

Aber Papa stöhnt nur: „Jetzt ist da auch noch eine Baustelle!"

„Fünf Purzelbäume", verkündet Diana stolz.

„Kinder!", ruft Papa streng. „Jetzt geht mir nicht auf die Nerven mit eurem Schulkram."

Simon und Diana schauen sich an und zucken die Achseln.

„Versuch bloß nicht zu überholen!", schimpft Papa mit dem Motorradfahrer hinter ihm.

„Fahr schon los, du blöder Bus!", schreit er den Bus an.
„Warum ist denn die Ampel heute so lange rot?", fragt er ärgerlich.
„Aber Papa", platzt Simon heraus. „Die Ampel ist doch immer gleich lange rot."
Papa knurrt. Als es grün wird, fährt er so schnell an, dass die Reifen quietschen.
„Endlich kann ich mal ein bisschen Gas geben", sagt er grimmig.
„Aber Papa", ruft Simon. „Nicht so schnell."
„Achtung!", ruft Diana. „Da vorne ist ein …"

Da gibt es einen Knall. Das Auto ruckelt und bleibt stehen. Alle sind erschrocken. Was ist bloß passiert? Papa ist zu schnell in die Hauptstraße eingebogen und mit einem Auto zusammengestoßen. Das andere Auto ist an der Seite ganz eingedellt. Der Scheinwerfer ist kaputt.
Eine Frau steigt aus und schimpft laut. Papa steigt auch aus. Er sieht ganz zerknirscht aus. Die Frau zeigt wütend auf das Verkehrsschild, das Papa übersehen hat.
„Das wollte ich Papa gerade sagen", flüstert Diana Simon zu. „Das Schild sagt doch, dass man die Autos auf der anderen Straße vorlassen muss."
Simon seufzt: „Jetzt kommen wir bestimmt zu spät zu Oma und Opa!"

Lena regelt den Verkehr

In der letzten Schulstunde kann Lena gar nicht mehr ruhig sitzen. Ständig schaut sie auf ihre Uhr. Heute darf sie nämlich zum ersten Mal Schülerlotsin sein. Nach Schulschluss wird sie am Zebrastreifen vor der Schule stehen und die Autos stoppen, damit die Kinder sicher auf die andere Straßenseite gelangen.

Lena ist ganz kribbelig vor Aufregung. Unter ihrer Bank liegen ihre nagelneue Schülerlotsen-Mütze und ihre Kelle. Bisher hat sie die Mütze nur heimlich zu Hause getragen. Und mit der Kelle hat sie vor dem Spiegel „Anhalten" und „Weiterfahren" geübt. Zu Hause vor dem Spiegel war alles ganz einfach.

Aber jetzt ist Lena aufgeregt. Wenn sie nachher die Schülerlotsen-Regeln vergisst, die sie gelernt hat? Wenn die Autos nicht anhalten? Oder die Kinder nicht auf sie hören?

Lena darf schon einige Minuten vor dem Klingeln hinausgehen. Im Pausenhof trifft sie Kim. Sie ist die zweite Schülerlotsin.
Lena stellt sich auf die eine Seite des Zebrastreifens und Kim auf die andere. Lena muss die Autos anhalten, die aus der einen Richtung kommen. Und Kim stoppt die Autos aus der anderen Richtung.
Jetzt ertönt die Schulglocke. Die Schule ist aus. Schon kommen die ersten Kinder aus dem Schulhaus gerannt. An der Bordstein-

kante bleiben sie stehen. Lena achtet darauf, dass kein Kind über die Straße läuft. Denn noch brausen die Autos vorbei. Ein Motorrad kommt gerade herangefahren.
Lena und Kim drehen sich zur Straße hin und strecken ihre Kellen aus. Jetzt sollen die Fahrzeuge anhalten. Lenas Herz klopft bis zum Hals. Und tatsächlich: Der Motorradfahrer und die Autos bremsen und bleiben stehen.
Mit ihrer Kelle winkt Lena die Kinder über die Straße. Kim passt auf, dass sie auf der anderen Seite wieder sicher auf dem Gehsteig ankommen. Dann lassen Lena und Kim das Motorrad und die Autos weiterfahren.
Aber da stürmen noch ein paar Nachzügler aus dem Schultor! Lena hebt die Arme und hält sie auf. Sie sammeln sich am Zebrastreifen und warten, bis Lena und Kim die Autos wieder angehalten haben. So können auch die letzten Schulkinder die Straße sicher überqueren. Zuletzt schaut Lena nach links und nach rechts und geht selbst über die Straße.

Heute kommt sie etwas später nach Hause als sonst. Aber das macht ihr nichts aus. Alles ist gut gegangen. Sie hat nichts falsch gemacht. Die Autos haben angehalten und alle Kinder sind sicher auf die andere Straßenseite gekommen.
Lena freut sich schon auf den nächsten Tag!

In der Fußgängerzone

Zum Geburtstag hat Pavel ein neues Fahrrad bekommen. Es hat eine Querstange, einen Rennlenker und sogar Gangschaltung. Für Pavel gibt es nichts Schöneres, als mit seinem neuen Rad durch die Straßen zu brausen.

Mit Schwung biegt er um die Kurve in die Fußgängerzone. Er stellt sich vor, dass er ein berühmter Radrennfahrer ist und gerade ein Rennen gewinnt. Die Zuschauer stehen am Straßenrand. Alle jubeln ihm begeistert zu. Na ja, fast alle.

Ein alter Mann droht ihm mit dem Schirm.

„He, du Lausebengel", ruft er ärgerlich. „Absteigen! Sonst hol ich dich eigenhändig vom Rad!"

Pavel muss grinsen. Der Opa würde ihn doch nie einholen. Aber vorsichtshalber tritt er noch fester in die Pedale. Die zwei Nonnen, die gerade die Straße überqueren, können gerade noch ausweichen. Sie schimpfen, aber Pavel beachtet sie gar nicht. Mit letzter Kraft erreicht er die Ziellinie und reißt die Arme hoch. Er hat gewonnen!

Da biegt etwas Grün-Weißes um die Ecke. Pavel muss scharf bremsen. Er steht vor einem Polizeiauto. Der Polizist kurbelt sein Fenster runter und sagt: „Du bist ja ein richtiger Radrennfahrer!"

Pavel nickt stolz. Aber da wird der Polizist plötzlich streng: „Das hier ist allerdings keine Rennstrecke, sondern eine Fußgängerzone. Weißt du, was das heißt?"
„Ja", antwortet Pavel, „hier dürfen keine Autos fahren."
„Richtig", sagt der Polizist. „Aber Fahrräder auch nicht. Weißt du, was man mit Fahrrädern in der Fußgängerzone macht?"
„Schieben?", fragt Pavel kleinlaut.
„Richtig", sagt der Polizist. „Und wenn man das nicht macht, muss man Strafe bezahlen. Weißt du, was das kostet?"
Pavel schüttelt den Kopf.
„Radfahren in der Fußgängerzone kostet zwanzig Mark", erklärt der Polizist. „Hast du deinen Geldbeutel dabei?"
Zwanzig Mark! Pavel erschrickt.
„Na?" Der Polizist sieht ihn an und wartet. Pavel kramt seinen Geldbeutel heraus und schaut hinein. Ein paar Münzen liegen darin. Höchstens drei Mark, wenn man alles zusammenzählt.
„Mehr hab ich nicht", beteuert er. Der Polizist zieht die Stirn hoch.
„Hm", macht er. „Für heute will ich nochmal ein Auge zudrücken. Versprichst du, dass du dein Rad das nächste Mal schiebst?"
Pavel nickt mit gesenktem Kopf. Der Polizist kurbelt die Scheibe wieder hoch und fährt langsam weiter. Pavel sieht ihm nach, bis er um die nächste Ecke verschwunden ist. Dann steigt er auf sein Rad. Er hat ganz zittrige Beine.

An der Bushaltestelle

Endlich ist die Schule aus! Fröhlich hüpft Luise aus dem Schulhaus. Heute kommt Tante Claudia zu Besuch. Sie freut sich schon den ganzen Tag darauf und jetzt will sie schnell nach Hause. Da biegt schon der Schulbus um die Ecke.
„Luise, warte doch mal!", ruft jemand hinter ihr. Luise bleibt stehen. Simone aus der 3a gibt ihr eine Einladung zu ihrem Geburtstag.
„Danke!", sagt Luise. „Aber ich muss jetzt schnell zum Bus. Sonst komme ich zu spät nach Hause."
Der Bus hat schon angehalten. Jetzt muss Luise aber laufen. In letzter Sekunde springt sie in den Bus. Mit einem Zischen schließen sich hinter ihr die Türen.
Atemlos lässt Luise sich auf einen freien Sitz fallen. Bestimmt ist Tante Claudia schon angekommen. Hoffentlich müssen sie nicht gleich zu Mittag essen. Luise möchte ihr nämlich gerne zuerst Berti, ihren neuen Goldhamster, zeigen.
Der Bus biegt in die Hauptstraße ein. Luise wundert sich. Wie fährt denn der Bus heute? Sonst fährt er doch nie durch die Hauptstraße!
„Der … der … Bus fährt ja ganz falsch!", sagt sie.
Der Junge, der vor ihr sitzt, dreht sich verwundert um.
„Der fährt doch immer so", sagt er.

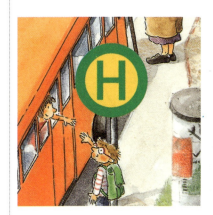

Da merkt es Luise: Sie ist in den falschen Bus gestiegen. Vor lauter Eile hat sie nicht darauf geachtet. Tränen steigen in ihr auf.

In diesem Augenblick taucht rechts am Straßenrand ein rundes Schild mit einem „H" auf: die nächste Haltestelle. Der Busfahrer lenkt den Bus in die Haltebucht und öffnet die Türen. Aufgeregt springt Luise hinaus. Jetzt muss sie nur noch auf die andere Straßenseite. Dort ist auch eine Haltestelle und dort hält der Bus, der wieder zurück in ihre Richtung fährt.

Schnell läuft sie hinter dem Bus über die Straße. Ein Auto hupt laut. Luise bleibt erschrocken stehen. Sie hat ganz vergessen, dass sie erst nach links und rechts schauen muss, bevor sie über die Straße geht.

Ihr Herz klopft vor Schreck. Dabei hätte sie sich überhaupt nicht so beeilen müssen: Der Bus ist weit und breit noch nicht zu sehen. Erst ein paar Minuten später biegt er um die Ecke.

Diesmal schaut Luise genau, was auf dem Schild oben am Bus angeschrieben ist. Erst dann steigt sie ein. Und wer sitzt da ganz vorne hinter dem Fahrer: Tante Claudia!

„Ich bin gerade auf dem Weg zu euch", sagt sie verwundert zu Luise. „Wieso steigst du hier ein?"

„Das ist eine dumme Geschichte", sagt Luise. Sie fällt Tante Claudia um den Hals und lacht. „Aber jetzt ist alles gut."

Auf dem Spielplatz

Jeden Tag nach dem Mittagessen holt Maja ihr rotes Fahrrad aus der Garage und saust zum Spielplatz. Wenn sie sich beeilt, trifft sie dort nämlich Otto.
Otto ist der schönste Hund der Welt. Er hat ein braunes Fell und lustige Schlappohren. Jeden Tag um diese Zeit geht Otto mit Herrn Pfeife und Frau Locke spazieren. Maja hat sie so getauft, weil Herr Pfeife immer Pfeife raucht und Frau Locke so hübsche Locken hat. Am Spielplatz setzen sich die beiden immer für eine Weile auf die Bank und Otto darf mit Maja herumtollen.

Als Maja heute in den Park einbiegt, sieht sie Otto schon von weitem. Sie steigt ab und schiebt ihr Rad, denn der Weg ist nur für Fußgänger erlaubt. Otto kommt ihr schon entgegengerannt. Fröhlich bellend springt er um sie herum. Maja lässt ihr Rad einfach ins Gebüsch fallen und begrüßt Otto.
Otto will Stöckchen-Werfen spielen. Maja wirft ein Stöckchen weg und Otto bringt es wieder zurück. Er wird nie müde.
Maja und Otto spielen, bis Frau Locke ruft: „Otto! Komm, wir müssen nach Hause."
Otto, Herr Pfeife und Frau Locke machen sich auf den Heimweg. Maja will auch nach Hause. Ohne Otto macht es auf dem Spiel-

platz keinen Spaß. Aber wo ist ihr rotes Fahrrad? Sie hat es doch dort drüben hingelegt. Aber da ist es jetzt nicht mehr.
„Mein Fahrrad ist weg!", ruft Maja erschrocken.
„Ach du meine Güte", sagt Herr Pfeife, „hast du es denn nicht abgeschlossen?"
Nein, das hat Maja in der Eile ganz vergessen. Da wird Mama aber ganz schön schimpfen. Maja muss weinen.
Plötzlich biegt ein Junge auf einem roten Fahrrad in den Fußgängerweg ein.
„Da ist mein Fahrrad!", ruft Maja aufgeregt.
Frau Locke springt mutig mitten auf den Weg. Der Junge bremst, und bevor er weglaufen kann, schnappt Frau Locke ihn an der Kapuze.
„Hast du dieses Fahrrad geklaut?", fragt sie streng.
„Nein, nein", sagt der Junge ängstlich, „ich habe es mir nur geliehen, weil ich selber keins hab." Er schaut Maja ganz traurig an. „Ich wollte nur ein bisschen damit herumfahren."
Maja ist froh, dass ihr Fahrrad wieder da ist.
„Na gut", sagt sie. „Ich glaube dir."
Der Junge lächelt. Otto freut sich auch und wedelt mit dem Schwanz. Maja nimmt ihr rotes Fahrrad und fährt nach Hause. Wenn der Junge morgen auch wieder da ist, denkt sie, dann lasse ich ihn eine Runde mit meinem Rad fahren.

An der Bahnschranke

Andreas geht mit Mama einkaufen. Sie müssen die Bahngleise überqueren, denn die Metzgerei und die Bäckerei liegen auf der anderen Seite der Bahnlinie.
Andreas weiß: Wenn die Bahnschranken oben sind, darf man über die Gleise gehen. Wenn die Bahnschranken unten sind, muss man warten, bis der Zug durchgefahren ist.
Heute gehen die Bahnschranken gerade hinunter.
„Komm, Mama", ruft Andreas. „Wir schlüpfen schnell noch unten durch."
Aber Mama hält ihn zurück.
„Das ist zu gefährlich", sagt sie. „Möchtest du, dass dich der Zug überfährt?"

Andreas und Mama warten. Auf beiden Seiten der Schranken stauen sich Autos, Motorräder und Fußgänger.
Andreas ist gespannt, von welcher Seite der Zug kommt. Er schaut nach links und nach rechts. Da entdeckt er vor der Schranke ein großes Verkehrsschild: ein rot-weißes Kreuz.
„Was bedeutet das eigentlich?", fragt er.
„Das Schild zeigt an, dass hier ein Bahnübergang ist", erklärt Mama. „Und rate mal, wie es heißt?"

„Bahnübergangs-Schild?", rät Andreas. „Zugkreuzungs-Schild? Rotes-Kreuz-Schild?"
„Nein", lacht Mama. „Es heißt Andreaskreuz."
„Oh, es heißt so wie ich", freut sich Andreas. Vielleicht haben sie das so genannt, weil ich hier so oft stehe, überlegt er sich. Als er gerade Mama fragen will, brummt und zischt es. Ein Zug kommt von links.
Andreas schaut gespannt in die Zugfenster. Vielleicht erkennt er jemanden, der im Zug sitzt?

Plötzlich ruft er aufgeregt: „Schau mal, Mama, Onkel Robert sitzt im Zug!" Er winkt wild und tatsächlich: Onkel Robert hat ihn auch gesehen. Er lacht und winkt zurück. Im nächsten Augenblick ist der Zug schon hinter der Kurve verschwunden.
„Mama, fahren wir auch bald wieder einmal mit dem Zug?", bettelt Andreas.
„Na klar", sagt Mama, „aber schau: Die Schranken gehen hoch. Jetzt kaufen wir erst mal ein."

An der Baustelle

Papa, Kati und Tim wollen Florian von der Schule abholen.
Aber ein rot-weißer Zaun versperrt ihnen den Weg in die Straße.
Dahinter gräbt ein Bagger ein Loch und lädt die Erde auf einen Lastwagen. Kati zupft Papa am Ärmel.
„Komm, wir gehen hinter dem Bagger vorbei."
„Nein", entgegnet Papa. „An einem rot-weißen Zaun muss man stehen bleiben. Man könnte sonst in das Loch fallen."
„Aber Florian wartet doch auf uns!", sagt Kati besorgt.
„Dann müssen wir eben einen anderen Weg gehen", antwortet Papa. „Durch die Fußgängerzone zum Beispiel."
„Das ist ja ein riesiger Umweg!", ruft Kati.
Da kommen drei Bauarbeiter. Sie nehmen den Zaun weg und stellen ihn rund um das Loch auf. Dann fährt der Lastwagen davon. Der Bagger tuckert langsam hinterher.
Endlich darf man wieder durch die Straße gehen.
„Fällt jetzt jemand in das Loch?", fragt Tim.
„Na, hoffentlich nicht", sagt Papa. „Der Zaun steht ja drumherum. Außerdem sagt das Baustellenschild hier, dass man ganz besonders vorsichtig sein muss."
Kati zieht ungeduldig an Papas Arm. „Kommt jetzt endlich! Sonst denkt Florian, wir haben ihn vergessen!"

Hier beginnt die Fußgängerzone. *Wenn du mit dem Fahrrad unterwegs bist, musst du absteigen und schieben.*

Hier ist die Fußgängerzone zu Ende. Du darfst wieder mit dem Rad fahren. *Jetzt musst du wieder auf den Verkehr Acht geben.*

Das Schild bedeutet: Hier spielen Kinder. Die Autofahrer müssen sehr langsam fahren. Du darfst hier Rad fahren. *Aber nimm Rücksicht auf die anderen Kinder.*

Dieses Schild steht vor Baustellen. Es will sagen: *Fahre besonders vorsichtig, aber zügig an der Absperrung vorbei.*

Das runde blaue Schild mit dem Fahrrad bedeutet: NUR FÜR RADFAHRER. Wo ein solcher Weg angezeigt ist, *musst* du ihn benützen.

Hier ist eine Bus- oder Straßenbahnhaltestelle. *Sei vorsichtig beim Ein- und Aussteigen. Renne nicht vor oder hinter dem Bus über die Straße.*

Das Schild mit den zwei gekreuzten roten Balken bedeutet: ABSOLUTES HALTEVERBOT. Die weißen Pfeile bedeuten: Das Halteverbot gilt *vor* und *nach* dem Schild.

Dieses Schild vor einer Einmündung bedeutet: UNBEDINGT ANHALTEN! Vorfahrt achten! *Steige vom Rad und lass alle Fahrzeuge vorbei, bevor du die Straße überquerst.*

In eine Straße, vor der dieses Schild steht, darfst du mit dem Rad nicht *hinein*fahren. Denke aber daran: Es können Fahrzeuge *heraus*kommen.

Wenn du in eine Straße einbiegst, dann sagt dir das Schild: Die Fahrzeuge dieser Straße haben Vorfahrt.
Fahre sehr vorsichtig! Steige notfalls ab.

Wo dieses Schild steht, darf man nicht schneller als 20 Kilometer pro Stunde fahren.

Der dicke Pfeil in dem weißen Dreieck sagt, dass alle, die in dieser Richtung fahren, Vorfahrt haben.

Das Andreaskreuz steht an Bahnübergängen vor der Schranke.
Versuche nie unter einer geschlossenen Schranke durchzuschlüpfen.

Vor diesem Schild müssen die Fahrzeuge anhalten, wenn ein Fußgänger über die Straße will.
Schau trotzdem nach links und rechts, bevor du auf die Straße trittst.

Dieses Schild zeigt an, dass die Fahrbahn eng wird. Wer in die Richtung fährt, in die der rote Pfeil zeigt, muss anhalten und die entgegenkommenden Fahrzeuge vorbeilassen.

Dieses Schild steht vor Kindergärten und Schulen. Es sagt den Autofahrern, dass sie vorsichtig fahren müssen.

Die Fußgänger-Ampel hat nur zwei Lichter: rot und grün.
Vergiss nicht:
Bei Rot stehen, bei Grün gehen!

In einer Einbahnstraße darf man nur in die Richtung fahren, in die der Pfeil zeigt.
Das gilt auch für Radfahrer.

Kennst du alle Verkehrszeichen, die hier abgebildet sind?
Versuche zu erklären, was sie bedeuten, bevor du den Text dazu liest.

Welche Schilder findest du auf dem Poster?

Ich sehe was, was du nicht siehst

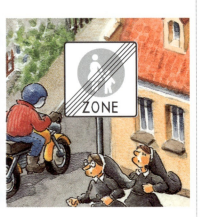

Daniel ist krank. Olli darf ihn besuchen. Sie schauen aus dem Fenster und spielen: Ich sehe was, was du nicht siehst.
Daniel sagt: „Ich sehe was, was du nicht siehst, und das ist braun."
Olli rät: „Die Schuhe von dem Mann dort? Sein Mantel?"
„Nein", sagt Daniel. „Es ist braun und kuschlig."
„Jetzt weiß ich's", ruft Olli. „Der kleine Hund da drüben!"
Dann ist Olli dran: „Ich sehe was, was du nicht siehst, und das ist schwarz und weiß."
„Das ist ja einfach", sagt Daniel und zeigt auf zwei Nonnen, die gerade über die Straße gehen. Aber die beiden Nonnen sind es nicht.
„Grau ist auch dabei", hilft ihm Olli.
„Der Fußball von dem Jungen?", fragt Daniel. „Er ist schwarz und weiß und auch grau, weil er ein bisschen schmutzig ist."
„Nein, es ist nicht rund, sondern viereckig", sagt Olli.
„Vielleicht das Fenster gegenüber?" Aber das ist es auch nicht.
Olli gibt noch einen Tipp: „Es sind eine Frau und ein Kind drauf."
„Ah!" Daniel lacht: „Das Schild an der Ecke, wo die Fußgängerzone zu Ende ist und wieder Autos fahren dürfen!"
Da kommt Mama mit einem Tablett herein und ruft: „Ich sehe was, was ihr nicht seht, und das ist rot!"
„Hmmm!", rufen Daniel und Olli. „Erdbeerkuchen!"

In der Spielstraße

Nico fährt mit dem Roller zu seiner Freundin Shari. Shari wohnt in einer Spielstraße. Dort kann man viel schöner spielen als in Nicos Straße. In Nicos Straße fahren die Autos ganz schnell hin und her. Nico darf nur auf die andere Seite, wenn Mama oder Papa dabei sind. In der Spielstraße dagegen müssen die Autos ganz langsam fahren und auf die Kinder Rücksicht nehmen.

Shari hat zum Geburtstag ein Fahrrad mit Stützrädern bekommen. Nun fahren sie um die Wette: Shari mit ihrem Rad und Nico mit seinem Roller.
Dann darf Nico auf Sharis Rad fahren. Er kann es schon ganz gut. Aber er ist noch ein bisschen langsam.
Da kommen ihm Alex und Benny auf ihren Rädern entgegen. Sie gehen schon in die Schule und brauchen natürlich keine Stützräder mehr.
„He, du kleine Kröte", ruft Benny frech und klingelt wie wild. „Platz gemacht! Aus dem Weg!"
Sie sausen links und rechts ganz dicht an Nico vorbei. Fast hätten sie ihn gestreift.
„Blöde Angeber!", schimpft Nico. „Die Spielstraße ist für alle da!"
Aber Alex und Benny lachen nur und sausen weiter.

Plötzlich fällt Nico ein, dass er nach Hause muss. Papa will heute Nachmittag mit ihm Schuhe kaufen gehen. Bestimmt wartet er schon.
Er sagt „Tschüss" zu Shari, schnappt sich seinen Roller und fährt los, so schnell er kann. Da taucht auf einmal eine alte Frau mit einer Einkaufstasche vor ihm auf.
Nico muss so scharf bremsen, dass sein Hinterrad wegrutscht.
Die Frau hat vor lauter Schreck ihre Tasche fallen lassen. Drei Äpfel kullern auf den Boden.
„Kannst du nicht aufpassen?", schimpft sie. „Eine alte Frau so zu erschrecken!"
„Entschuldigung! Ich – ich …", stottert Nico. Er legt seinen Roller hin und sammelt die Äpfel auf. Die Frau tut sie wieder in die Einkaufstasche und geht langsam weiter.
Nico holt tief Luft.
„Das nächste Mal passe ich besser auf!", ruft er ganz laut, damit die Frau es hört. „Die Spielstraße ist nämlich für alle da!"

Bei Rot stehen, bei Grün gehen

Paula und Jenny gehen nach der Schule immer zusammen nach Hause. Zuerst überqueren sie den Zebrastreifen vor der Schule. Dann gehen sie an der Kirche vorbei. Durch die Fußgängerzone gelangen sie zur Hauptstraße. Hier ist immer viel Verkehr. Von links und rechts brausen Autos, Busse und Lastwagen vorbei. Zum Glück gibt es eine Fußgängerampel.
Paula und Jenny bleiben stehen und warten, bis die Ampel grün wird. Neben ihnen steht ein Mann. Er springt ungeduldig von einem Fuß auf den anderen. Plötzlich geht er mit großen Schritten über die Straße. Ein Autofahrer hupt. Der Mann läuft einfach weiter.
„Aber es ist doch noch rot!", ruft Jenny erschrocken.

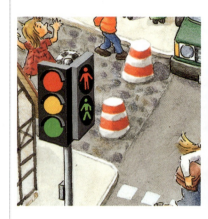

Als die Ampel grün wird, gehen die beiden los.
„Ich habe eine Idee", sagt Jenny, als sie auf der anderen Straßenseite angekommen sind. „Wir beobachten die Leute, die bei Rot über die Ampel gehen. Und dann fragen wir sie, warum sie das tun."
Schon ein paar Minuten später geht wieder ein Mann bei Rot über die Straße. Er kommt auf Paula und Jenny zu.
„Entschuldigung", sagt Paula höflich. „Wieso sind Sie bei Rot über die Ampel gegangen?" Aber der Mann bleibt gar nicht stehen. Er sagt nur unfreundlich: „Es ist doch kein Auto gekommen!"

Jetzt ist Jenny an der Reihe. Sie spricht eine Frau mit einer Aktentasche an.
„Ich habe einen wichtigen Termin", antwortet die. „Deshalb habe ich es sehr eilig." Sie schaut auf die Uhr. „Aber eigentlich habt ihr Recht. Wegen der paar Sekunden Wartezeit an der Ampel werde ich schon nicht zu spät kommen."
Ein alter Mann schaut ganz verwundert, als Paula ihn anspricht.
„Ach du meine Güte", sagt er. „Darauf habe ich überhaupt nicht geachtet. Ich war ganz in Gedanken vertieft."
Er verspricht, beim nächsten Mal besser aufzupassen.
Gerade als die Ampel wieder auf Rot schaltet, flitzt eine junge Frau über die Straße.
„Haben Sie nicht gesehen, dass die Ampel rot ist?", fragt Jenny.
„Doch", sagt die Frau. „Aber ich bin so schnell, da kann mich gar kein Auto erwischen. Wenn ich allerdings gesehen hätte, dass hier Kinder sind, wäre ich natürlich stehen geblieben! Ich will ja kein schlechtes Vorbild sein."
„Ha!", sagt Paula empört. „Die Erwachsenen sollten lieber mal auf sich selbst aufpassen! Wir Kinder wissen nämlich, dass man an einer roten Ampel warten muss."
Jenny schnappt ihre Schultasche.
„Komm, wir gehen", sagt sie zu Paula. „Ich habe keine Lust mehr, die Erwachsenen zu erziehen."

Einfahrt verboten

Shota lebt in Japan. Er ist zum ersten Mal in Deutschland. Seine Eltern und seine Großeltern machen hier mit ihm Urlaub. Sie besuchen Städte, Burgen und Schlösser. Jeden Abend schlafen sie in einem anderen Hotel. Alle sind begeistert. Nur Shota langweilt sich manchmal und oft wundert er sich: Alles sieht hier so anders aus als zu Hause.
Heute besuchen sie die kleine Stadt. Sie steht in Mamas Reiseführer und deshalb wollte Mama unbedingt hin.

Sie spazieren durch die engen Gassen. Überall stehen kleine Häuser mit spitzen, roten Dächern.
„Schaut mal", lacht Shota. „Die Häuser sind ja kariert."
Mama schaut in den Reiseführer. „Das sind Fachwerkhäuser", erklärt sie. „So hat man früher hier die Häuser gebaut."
Jetzt stehen sie vor einem riesigen Gebäude mit einem Turm. Shota hat schon gelernt, dass das eine Kirche ist.
Plötzlich schlägt eine dunkle Glocke ein, zwei, drei, vier Mal. Danach schlägt eine helle Glocke ein Mal.
„Was ist denn das?", fragt Shota überrascht.
„Das ist die Kirchturmglocke", erklärt ihm Oma, die viel über Deutschland weiß. „Die dunkle Glocke schlägt zu jeder vollen

Stunde vier Mal. Und die helle Glocke sagt dir, wie viel Uhr es ist. Gerade hat sie einmal geschlagen, es ist also …"
„Ein Uhr!", ruft Shota. „Zeit zum Essen!"
Aber Mama will zuerst noch mehr Fachwerkhäuser anschauen.

Plötzlich muss Shota lachen: „In diesem Haus ist ja ein Loch."
„Nein, das ist ein Stadttor", sagt Oma. „Das war früher der Eingang in die Stadt. Denn um die Stadt herum stand damals eine Mauer. Vor dem Stadttor standen Wachen. Die haben alle Menschen, die in die Stadt hinein wollten, genau kontrolliert."
Opa filmt das Stadttor und Mama macht Fotos. Sie möchte Shota vor dem Tor fotografieren. Papa passt währenddessen auf, dass hinter Shota nicht plötzlich ein Auto angefahren kommt.
Oma ist ängstlich: „Ich passe auf, ob aus der anderen Richtung ein Auto kommt." Nervös dreht sie sich um und blickt hinter sich.
Da weiß Shota endlich auch mal etwas.
„Aber Oma", ruft er. „Aus dieser Richtung darf man gar nicht durch das Stadttor fahren. Siehst du nicht das rote Schild mit dem weißen Balken? Es bedeutet ‚Einfahrt verboten'. Und das", erklärt er stolz, „ist auch bei uns in Japan so!"

Gegenverkehr

Charlotte und Lea spielen auf dem Gehweg „Himmel und Hölle". Sie haben sich mit Kreide die Kästchen auf den Gehweg gemalt und hüpfen fröhlich von einem Kästchen zum nächsten. Plötzlich ertönt ein lautes Hupen. Ein zweites, noch lauteres Hupen antwortet dem ersten Hupen.
Charlotte und Lea schauen auf die Straße. Ein rotes Feuerwehrauto fährt durch die schmale Tordurchfahrt. Aus der anderen Richtung kommt ihm ein Traktor mit Anhänger entgegengetuckert. Aber die Straße ist zu eng für die zwei großen Fahrzeuge. Sie kommen nicht aneinander vorbei. Deshalb hupen die beiden Fahrer.
Der Feuerwehrmann ruft aus dem Seitenfenster: „He, Sie! Fahren Sie gefälligst ein Stück zurück, damit ich hier vorbei kann!"
Der Bauer ruft zurück: „Haben Sie das Schild nicht gesehen? Darauf steht, dass ich Vorfahrt habe!"
„Pah!", antwortet der Feuerwehrmann. „Ich fahre ein Feuerwehrauto! Ich habe immer Vorfahrt!"
„Das gilt doch nur, wenn es irgendwo brennt!", protestiert der Bauer. „Dann müssten Sie aber das Blaulicht und die Sirene anhaben. Das haben Sie aber nicht!"
„Aber ich war zuerst da!", behauptet der Feuerwehrmann. „Sie sehen doch, wie eng das Tor ist! Ich kann nicht wieder zurück."

„Das kommt davon, wenn man nicht fahren kann!", schreit der Bauer und springt vom Traktor. „Wo haben Sie denn Ihren Führerschein gemacht? Im Verkehrskindergarten?"
Eine Weile brüllen sich die beiden Männer an. Hinter ihnen stauen sich die Autos. Ein paar fangen an zu hupen. Sie werden allmählich ungeduldig.

Da steigt der Bauer wieder auf den Traktor. Er stellt den Motor an und legt den ersten Gang ein. Auch das Feuerwehrauto setzt sich in Bewegung. Jeder fährt so weit wie möglich nach rechts. Ganz langsam schieben sie sich aneinander vorbei.
Charlotte und Lea haben sich an eine Hauswand gedrückt und halten vor Aufregung die Luft an. Wenn die Autos stecken bleiben in der engen Straße! Wenn sie irgendwo anstoßen! Aber alles geht gut. Beide können weiterfahren, die Straße ist frei.
Die anderen Autos hupen Beifall. Ein Mann ruft aus dem offenen Autofenster dem Feuerwehrmann zu: „Na also! Warum nicht gleich?"
Der Feuerwehrmann tippt sich an die Stirn und gibt Gas.
„Erwachsene sind manchmal komisch", sagt Charlotte. Lea zuckt mit den Achseln.
Sie warten, bis es in der kleinen Straße wieder ruhig geworden ist.
„Los", sagt Lea. „Wir spielen weiter. Du bist dran."

Auf dem Fahrradweg

„Sophie", ruft Mama, „wir haben keine Kartoffeln mehr. Kannst du mal schnell mit dem Rad losfahren und ein Kilo kaufen?"
Sophie freut sich. Mama hat ihr noch nie erlaubt, alleine mit dem Rad einkaufen zu fahren. Heute aber hat sie es eilig, denn ohne die Kartoffeln kann sie kein Mittagessen kochen.
Mama fallen noch drei Dinge ein, die Sophie einkaufen soll: Eine Tube Senf für die Würstchen und für den Kuchen ein Liter Milch und ein Glas Sauerkirschen. Sie will eine Einkaufsliste schreiben. Aber Sophie braucht keine Liste. Natürlich kann sie sich im Kopf merken, was sie einkaufen soll.
„Pass auf der Straße gut auf!", ermahnt Mama sie zuletzt.

Sophie schiebt ihr Fahrrad aus dem Hof. Am Straßenrand wartet sie, bis gerade kein Auto kommt. Dann fährt sie los, immer geradeaus bis zur nächsten Kreuzung. Dort streckt sie den rechten Arm aus und biegt auf den Fahrradweg. Sophie fährt gerne auf dem Fahrradweg. Das ist nicht so gefährlich wie auf der Straße, denn hier dürfen nur Fahrräder fahren.
Da kommt plötzlich ein Radfahrer um die Kurve gesaust. Er fährt geradewegs auf Sophie zu. Beinahe wären sie zusammengestoßen, aber im letzten Moment können beide bremsen.

„Aber … aber … Sie fahren ja in die falsche Richtung!", stammelt Sophie. „Das ist doch gar nicht erlaubt."
Der Mann räuspert sich verlegen. „Entschuldigung! Ich wollte dich nicht erschrecken. Es tut mir wirklich Leid!"

Als Sophie weiterfährt, klopft ihr Herz immer noch laut. Vor jeder Kurve passt sie besonders gut auf. Endlich steht sie vor dem Lebensmittelgeschäft. Aber was sollte sie bloß einkaufen? Sophie hat plötzlich alles vergessen.
Ach ja: die Kartoffeln. Aber wie viel? Ein Glas Kartoffeln? Und für den Kuchen … Zucker? Mehl? Nein: Milch! Eine Tube Milch? Und Sauerkirschen – ein Liter Sauerkirschen? Und für die Würstchen … ein Kilo Senf?
In Sophies Kopf dreht sich alles: Kartoffeln, Fahrräder, Würstchen, Milch, Kuchen. Sie kneift fest die Augen zu und denkt nach. Da fällt es ihr wieder ein: ein Liter Milch und ein Glas Sauerkirschen, für die Würstchen eine Tube Senf und natürlich ein Kilo Kartoffeln.

Als Sophie nach Hause kommt und die Einkaufstasche auspackt, lobt Mama sie:
„Toll hast du das gemacht! Du bist alleine mit dem Rad gefahren und hast dir alles gemerkt, was du einkaufen solltest. Ich bin stolz auf dich!"

Parken verboten

Jeden Tag spielen Thomas und Murat vor ihrem Haus Fußball. Wenn ein Auto kommt, halten sie den Ball fest und warten, bis es vorbeigefahren ist. Heute aber hat ein Auto auf ihrem Fußballfeld geparkt. Thomas und Murat ärgern sich.
„Das blöde Auto nimmt uns den ganzen Platz weg", schimpft Thomas. „So macht das überhaupt keinen Spaß."
„Genau", stimmt ihm Murat zu. „Außerdem darf man hier überhaupt nicht parken. Das steht doch groß auf dem Schild."
„Wir müssen herausfinden, wem das Auto gehört", schlägt Thomas vor. „Dann können wir ihm sagen, dass hier ein Parkverbot-Schild steht."
Sie schauen sich um. Eine Frau mit einem Hund kommt vorbei.
„Gehört Ihnen dieses Auto?", fragt Murat.
„Nein", sagt die Frau. „Ich besitze gar kein Auto."
Aus einem Haus kommt ein Mann.
„Gehört Ihnen dieses Auto?", fragt Thomas.
„Nein", sagt der Mann. „Ich habe dort hinten geparkt."
„Wen sollen wir denn jetzt noch fragen?", sagt Murat.
Thomas hat noch jemanden entdeckt: Auf dem Dach putzt ein Schornsteinfeger einen Kamin. Thomas legt seinen Kopf in den Nacken und ruft laut: „Hallo! Gehört Ihnen dieses Auto?"

Der Schornsteinfeger dreht sich überrascht um und schaut hinunter.
„Nein", ruft er. „Ich bin mit dem Fahrrad hier. Aber vorhin sind Touristen aus dem Auto ausgestiegen und zum Stadttor gegangen."

Thomas und Murat nehmen ihren Ball und laufen zum Stadttor. Dort stehen tatsächlich Leute. Sie sehen ausländisch aus. Ein Junge ist auch dabei und schaut sie neugierig an.
Mutig geht Murat auf die Leute zu und sagt höflich: „Können Sie bitte Ihr Auto wegfahren? Es steht im Halteverbot!"
Der Mann lächelt freundlich und sagt etwas in einer fremden Sprache.
„Komische Sprache!", sagt Murat. „Ich habe kein Wort verstanden."
Da kommt der Junge näher und deutet auf den Fußball. Er kickt mit dem Fuß in die Luft und schaut fragend.
„Das habe ich verstanden", sagt Murat zu Thomas. „Er will mit uns Fußball spielen."
Thomas und Murat zeigen dem fremden Jungen ihr kleines Fußballfeld. Da steht das Auto immer noch im Weg. Der Junge sagt etwas zu seinem Vater. Der Vater nickt, steigt in das Auto und fährt es weg.
„Ich weiß, was der Junge gesagt hat", lacht Thomas. „Diese Sprache ist doch nicht so schwer!"

Philipp fährt freihändig

Philipp und Caroline fahren mit ihren Fahrrädern auf dem Gehweg hin und her.

„Schau mal, Philipp", ruft Caroline laut, „ich kann freihändig fahren!" Sie streckt ihre Arme links und rechts aus und fährt tatsächlich geradeaus weiter.

„Pah, das kann ich auch!", behauptet Philipp. Aber als er es versucht, fährt sein Rad nicht geradeaus, sondern macht Kurven. Es wackelt.

Plötzlich taucht ein kleiner Junge vor Philipp auf. Er hält eine Eistüte in der Hand. Philipp greift nach dem Fahrradlenker, aber es ist zu spät: Er hat den kleinen Jungen mit dem Vorderrad gestreift und umgeschubst. Die Eistüte landet auf dem Boden.

„Schnell weg!", ruft Philipp Caroline zu. Sie fahren vom Gehweg auf die Straße. Philipp dreht sich noch einmal um. Der kleine Junge sitzt auf dem Boden und weint laut.

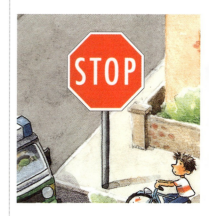

Als Philipp wieder nach vorn schaut, erschrickt er: Ein Polizeiauto biegt gerade um die Ecke. Sucht die Polizei ihn etwa schon?

Philipp weiß, dass es nicht erlaubt ist, mit dem Fahrrad auf dem Gehweg zu fahren. Man soll auf dem Fahrrad auch keinen Quatsch machen. Und wenn man jemanden anfährt, darf man nicht einfach

weiterfahren, als wäre nichts passiert. Er hätte anhalten und sich um den kleinen Jungen kümmern müssen. Wegfahren und sich nicht kümmern heißt Fahrerflucht. Das weiß er von seinem Papa.

Philipp schaut starr geradeaus auf die Straße. Wenn er jetzt alles richtig macht, bemerken ihn die Polizisten vielleicht gar nicht.
Schnell überholt er Caroline und fährt vor ihr her. Denn mit Fahrrädern darf man auf der Straße nicht nebeneinander fahren.
Da kommt ein Stoppschild. An einem Stoppschild muss man anhalten und stehen bleiben. Philipp bremst. Sein Herz klopft ihm bis zum Hals. Schaut der Polizist zu ihm hin? Bleibt das Polizeiauto stehen? Wird er verhaftet?
Nein, das Polizeiauto fährt weiter. Philipp atmet auf. Das ist ja noch mal gut gegangen!
Philipp schaut nach links und nach rechts, streckt den rechten Arm aus und biegt um die Kurve. Aber plötzlich bremst er und hält an.
„Was ist los?", fragt Caroline. „Hast du etwas vergessen?"
„Ich fahre zurück", sagt Philipp mit fester Stimme. „Ich muss nachsehen, wie es dem kleinen Jungen geht, und mich bei ihm entschuldigen!"